Inhalt

REINHART BRAUN

Fabel-hafte Balladenhüter

Zum 75. Geburtstag für Reinhart
veröffentlicht von Barbara
und den Kindern Daniel, Tobias und Corinna.

Grafische Gestaltung: Daniel Braun
Gesamtherstellung: Books on Demand GmbH, Norderstedt
ISBN 3-8311-2851-0

Teil 2 **Spiekerooger Muscheleien**

TEIL 1

Fabel-hafte Balladenhüter

Lesefreuden

Das Lesen bringt Genuß,
der Geist kann viel gewinnen.
Drum rinnt der Lesefluß,
nicht nur durch Leserinnen.

Das große Seelen-Los

Am Baum hängt eine Seele,
sie baumelt vor sich hin.
Hat denn für diese Seele
das Baumeln einen Sinn?

Sie hängt dort in dem Baume
und schwingt bald her, bald hin,
nicht Apfel und nicht Pflaume,
nein, eine Baumelin.

Wer sie dort baumeln läßt
so einsam, nackt und bloß,
ist selber nur ein Rest-
bestand und seelenlos.

Was Seele wohl beglückte:
wenn jemand auf der Welt
käm' und sie runterpflückte,
damit sie ihn beseelt'.

Ode an den Frühling

Auch wenn du spät kommst,
holder Früh-ling,
ich kroküsse dich.
Du bist das Ende der Weißheit,
das Ende der kalten Nasen,
der heißen Verheißungen,
der dicken Decken.
Anfang bist du
nicht der Lauheit,
doch lauer Nächte
und lauernder Kater.
Still du den Durst
unsrer Augen
nach Grün, Rot und Blau
und auch Gelb.
Farbe und Vielfalt
sind Lebens Gestalt.
Kein Weiß mehr, kein Grau.
Genau.

Bretter, die die Welt bedeuten

Die Luftfeuchtigkeit
und der Wetterbericht
beeinflussen oft
das Brettergewicht.
Das Brett vorm Kopf
wird zum Problem,
das Dämlichsein
recht unbequem.

Das sei ferne?

Die Ferne rückt uns auf den Leib
und bringt uns schnellen Zeitvertreib.
In achtzig Tagen um die Welt?
Du lieber Himmel, weit gefehlt!

Denn heutzutage kann in Stunden
den alten Globus man umrunden.
Zum Wochenende nach Hawaii?
Natürlich, was ist schon dabei.

Nach Chile, Transvaal, zu den Lappen,
New York, Rom, Sidney in Etappen
mit Airbus und auf Dampferdeck,
mit Dollar und Travellercheque.

Die Zeit geht dabei schnell dahin,
man glaubt, man hätte Zeitgewinn.
Verloren geht uns auch die Ferne,
erreichbar sind uns selbst die Sterne.

Sind Zeit und Ferne erst vergangen,
sind es auch Nähe und Verlangen,
der Kosmos unserer Phantasie,
den Gott zum Leben uns verlieh.

Was uns die Ferne stets verbürgte:
Der Freiheit vielfält'ge Gestalt
und eigene Wesensart, erwürgte
die neue Gleichheit mit Gewalt.

Potsdamer Einsteinzeit

Der Einstein-Turm
war einst ein Turm,
der alles andre überragte,
was sich ins Unbekannte wagte.
Der Türmer merkte in der Tat,
daß E gleich m mal c Quadrat.
Auch wurde diesem fortan klar,
wie Raum und Zeit zu sehen war.
Was vorher absolut verlief,
das ist ab Einstein relativ.
Der Turm verkündet nun beredt,
wie ein Stein auf dem andern steht.
So läßt er heute sich umkreisen
von Sternen, Meisen und Ameisen.

Dokumentalität

Zu einer Dokumenta in Kassel
machte sich auf eine Kellerassel.
Bei der Eröffnung griff sie zum Mikrofon
und sagte etwas – in ihr eigenem Ton.

Das Publikum geriet in Erregung.
War das eine neue Dada-Bewegung?
Die Leute waren schlicht high vom Gequassel
der kunstbegeisterten Kellerassel.

Denn wer oder was Erfahrung vermehrt,
wird als kunstpreiswürdig benannt und verehrt.
Die Assel kehrte zurück nach Berlin,
um vom Keller in die Beletage zu ziehn.

Jurassic Park

Ein Skyscraper in Nord-Manhattan
und eine Dinosau mit Gatten
wetteiferten mit ihren Schatten.
Bis schließlich eine Wolke kam
und dieses Spiel ein Ende nahm.

Für Raum keine Zeit

In Boston wohnten zwei Astronauten,
die wollten das Leben auf dem Mars mal outen.
Doch schon auf dem Weg zur Raumrakete
packte sie die Lust auf eine Fete.
Da ließen sie die Reise platzen.
Das verdanken sie Ringelnatzen.

Vesuv im Schnee

Vesuv im Schnee
der Krater weiß
schwarz dampft der See
blasig und heiß.
Eiskalt die Welt
in der wir leben
doch schwelt die Glut
des Feuers Beben.
Und das Aroma dieser Spanne
ergießt sich aus der Frühstückskanne
in meine Tasse
der Kaffee
Vesuv im Schnee.

Die Fliege

Die Fliege flucht in leerer Flasche.
Flucht oder Flitzen wäre Pflicht,
doch geht das nicht.
Noch flattern die Flügel flott,
flirren und flimmern.
Doch dann –
die Fliege fällt flach in die Flaute.
Vielleicht bankrott.

Die Essens-Weisen

Die Katze jagt,
das Huhn, es pickt.
Des Elefanten Rüssel pflückt.
Was macht der Mensch?
Mit Löffel, Gabel
und Messer füllt er seinen Schnabel.
Das Essen hat er sich bestellt,
es wird ihm einfach hingestellt.
Woher es kommt, weiß er nicht recht.
Und oftmals wird ihm davon schlecht.
Was nutzt ihm dann die weiße Decke,
das Silberglänzen der Bestecke.
Der Ober hört mit Achselzucken,
wie seinen Gast die Därme drucken.
Würd' man die Erstgenannten fragen,
zur Nahrung gäb es keine Fragen.

Die Sichtweisen

Ein wildes Schwein, ein wilder Schwan
marschieren einen Berg hinan.
Das Wildschwein stöhnt: „Mein lieber Schwan,
das Steigen strengt mich doch sehr an!"
Der Schwan darauf: „Da hab ich Schwein,
das Klettern könnt' ich lassen sein!
Doch geh' ich mit dir als Ästhet –
ein Akt der Solidarität.
Wildschwein, Wildschwan – das gibt ein Bild:
Schwein, Schwan, verbunden durch das Wild."
„Ach, Wildschwan, laß doch deine Sprüche,
mich interessieren nur Gerüche.
Als aller Herrlichkeiten Schlüssel
dient letzten Endes nur mein Rüssel.
Wer welchem Ideal auch huldigt,
für meinen Teil bist du entschuldigt."
Der Schwan vernimmt dies Lob der Düfte
und steigt kopfschüttelnd in die Lüfte.

Laubenpieper

Ein Tauber und 'ne Taube
stritten sich in 'ner Laube.
Es schrie erbost der Taube:
„Dies hier ist meine Laube!
Mach dich schnell aus dem Staube,
sonst gibt's was auf die Haube!"
Die hochentsetzte Taube
entfloh auf eine Daube
und schrie zurück: „Ich glaube,
du irrst dich, alte Schraube,
du nahmst sie nur zum Raube!"
Kein Wort verstand der Taube.
Kein Wunder, mit Verlaube.

Fluchtbericht

Ein Floh
entfloh
aus einem Zoo.
War's Gütersloh?
War's Oldersloh?
Sprang frei und froh
vom Vertiko
auf den Chapeau
des Domino.
Schlief erst im Stroh,
dann im Büro.
Fuhr im Hallo
mit 'nem Renault
bis nach Bordeaux,
trank dort Pernod.
Im status quo
boxte er roh
'nen andern wo,
ging drauf k.o.
und dann auf's Klo,
fiel plötzlich – oh!
ins H_2O
(französisch l'eau).
Er wurde so
zum Wasserfloh.
(Hoho.)

Fliegender Start

Ein Sechs-Tage-Rennen ist Gottseidank
für die Eintagsfliege etwas zu lang.
So verfügt sie clever im Testament,
daß der Ururenkel im Zieleinlauf rennt.

Springerweisheit

Im Flohzirkus von Zehlendorf
(gegründet einst durch Herrn v. Korff)
befindet sich rechts vom Entrée
neben dem Umkleideraum das Artisten-WC.
Die Wände sind verziert mit Bonmots
von dem Bein manch eines Zirkus-Flohs:

„Flöhe aller Länder, für Freiheit und Recht
vereinigt Euch zum Weltgefecht!“

„Edel sei der Floh, blutvoll und elastisch!“

„Das Leben als Säugling ist einfach phanta-
stisch!“

„Täglich dreimal Flohrin verleiht die Kraft,
mit der man die höchsten Sprünge schafft!“

„Wenn Euch das Leben lieb ist, Kinder,
dann meidet am besten grundsätzlich Rinder!“

Am Schluß schrieb ein Alter:
„Was Ihr auch schwatzet,
ich sag Euch, natura saltus non facit!“

Fließender Verkehr

Amöben lassen sich einfach gehen,
man wird sie wohl selten auf Rädern sehen.
Sie scheren sich nicht ums Renommée,
es genügt der Gedanke „Panta rhei“.

Die Fortbewegung ist ihnen ein Spiel.
Sie ziehen dahin ohne Hast und Ziel,
sie empfinden weder Stress noch Zwang
und verursachen keinerlei Gestank.

Sei der Verkehr auch noch so dicht –
Unfälle gibt es bei ihnen nicht.
Nie stehn sie im Stau, da alles fließt,
und jede den Fortschritt mit Maßen genießt.

Die Amöbe und ihre Geschwister
beeindrucken auch den Verkehrsminister,
und der Autoindustrie zum Verdruß
empfiehlt er ihr den „Amöbenfluß“.

Käfers Hochzeit

Ein Käfer wollte hoch hinaus
entgehen seines Lebens Frust.
Er krabbelte aufs Schneckenhaus
und warf sich mächtig in die Brust.

Er hatte eigenes Ziel erreicht.
Auch Käfer können manchmal lachen.
Ging dies verhältnismäßig leicht,
warum nicht also weitermachen?

Gesagt, getan, ihn zieht's nach oben.
Er klettert stetig, ohne Hast
in langem Marsch, man muß ihn loben,
auf einen hohen Fahnenmast.

Endlich gelangt er, ungestüm
getrieben von des Ehrgeiz' Drange,
wie viele andere schon vor ihm,
ans Ende von der Fahnenstange.

Was nun? Wie weiter, alles aus?
War alles Mühen denn vergebens?
Muß er zurück auf's Schneckenhaus? –
Der Käfer ist ein Kind des Lebens.

Die Lösung findet er bequem
und nah in seines Wesens Schoß.
Er wechselt fortan das System,
macht sich von Erdenschwere los.

Verleiht der Seele Flügelschwingen,
stimmt ein, befreit von ird'schem Zwang,
ins grenzenlose blaue Singen
und in der Sphären hohen Sang.

Millennium
(frei nach Christian Morgenstern)

Ein Rabe saß auf einem Meilenstein
und rief Ka-em-zwei-ein, Ka-em-zwei-ein.

Er war von dieser Zahl schlicht fasziniert,
die in das 21. Jahrhundert führt.

Ein Daimler fuhr vorbei aus Frankfurt/Main.
Der Rabe schrie Ka-em-zwei-ein, zwei ein.

Ein Mann mit weißem Haar, genannt Einstein,
erschien, der Rabe rief Ka-em-zwei-ein.

Der Stein, auf dem der Rabe saß und rief,
stand stumm und ungerührt, dieweil er schlief.

Ein Tausendfüßler hinkt auf einem Bein.
Zurück ließ er den Stein Ka-em-zwei-ein.

Vorüber zottelte ein Schwimmverein.
Der Rabe rief Ka-em-zwei-ein, zwei ein.

Rabiat ertönte sein Ka-em-zwei-ein.
Es ging der Windsbraut schier durch Mark und
Bein.

Schließlich erwachte jäh der Meilenstein.
Der Rabe rief Ka-em-zwei-ein, zwei ein.

Das Schreien ließ den Stein indessen kalt,
er war ja längst Millionen Jahre alt.

In seinem Tiefschlaf merkte er es nicht:
bei Ka-em-null erschien der Welt das Licht.

Arthrose

Der Artist Arturo
hat Arthrose:
eine Art Rost.
Er harrt trotz-
dem – artig trotzig –
smarter Pose:
Zartrosa Rose
wäre aparter Trost.

Schade!

Zu einer Enddarm- und Krampfadersprechstunde
lud unlängst ein Arzt eine frohe Runde.
Doch sollte sein Optimismus sich rächen:
Die Därme und Adern konnten nicht sprechen.

Darmsichten

„Was sieht ein Darm,
der nicht ein Blinddarm ist?“
bewegt als Frage
Heide wie auch Christ.
Für solchen Darm
wär´s keine Hürde,
wenn einfach er
ein Sehrohr würde.

Nagelprobe

Er spürt des Daseins Jammer:
Der Nagel unterm Hammer.
Der treibt ihn in die Enge,
damit an ihm was hänge.
Verhaftet ist er dort
an den stets gleichen Ort.
Der Nagel ist erbost.
Ihm bleibt nur noch ein Trost.
Zwar kann er nicht mehr weg,
doch dient er einem Zweck:
Er ist als Stift im Putze
zu mancherlei was nutze.
Zudem bleibt ihm viel Zeit,
mit Geistes Tätigkeit
den status quo zu ändern:
Er träumt von fernen Ländern.
Sieht auch im Lauf der Stunden
als Schatten sich umrunden.
Dabei verstummt die Klage.
So schlecht ist nicht die Lage.
Was heißt hier schon mobil?
Er bleibt jetzt topophil.
Das schafft ihm auch den Raum
für einen Kindheitstraum:
Genagelt wär er gern
auf einen fixen Stern!
Als Punkt und absolut
im All – so weit, so gut!

Beachtlich

Eine Achtel und eine Ganze Pause,
beschäftigt bei einer Sonate,
stritten sich auf dem Weg nach Hause
um ihren Verdienst als Fermate.

Die Ganze Pause zur Achtel sprach:
„Die Acht und der Bruchstrich in Ehren,
doch eigentlich bist Du mir viel zu schwach
und ganz und gar zu entbehren!

Nur eine Ganze Pause hat Kraft,
das Sein und das Nichtsein zu trennen.
Die Ganze allein die Ruhe schafft,
das wirklich Erhab'ne zu nennen!"

„Wie langweilig," gab die Achtel zurück,
„wo bleibt denn da nun das Leben,
das Prasseln, Synkopen, der Augenblick,
der Drive, die Spannung, das Beben?

Der Rhythmus, die Regelwidrigkeit,
das aufbegehrende Lachen
und alles, was zur Freude befreit:
Nur mit kurzen Pausen zu machen!"

So stritten die beiden sich hin und her,
doch befanden sie schließlich prompt,
allemal sei die Pause wichtiger,
als was dazwischen kommt.

Dingbats

In Dingsda, wo's viele Vettern hat,
fand unlängst der Lauf der Dinge statt.
Man lief genau fünf Kilometer
zum Glück bei leidlich gutem Wetter.

Die Teilnahme, das war allen klar,
war für jedes Ding unabdingbar.
Damit ihnen auch nichts entginge,
starteten sogar ein paar Nebendinge.

Der Sieg am Ende dann gelang
dem Ding an sich (dem Kant sei Dank!).
Der meinte, daß dies ein Unding sei.
Der Kritik der Vernunft war das einerlei.

Um alles dingfest machen zu können,
tat man zum Abschluß ein Dingfest sich gönnen.
Alle Dinge fanden bedingungslos:
Der Lauf der Dinge war einfach grandios.

Leiterleid

An einem Apfelbaum verdrossen
steht eine Leiter ohne Sprossen.
Sie zu besteigen ohne Wanken
gelingt jedoch nur in Gedanken.
Ist man dort oben angekommen,
hat man wohl den Montblanc erklommen.

Transaktion

Spargel kommt ins Portemonnaie
am Ende durch ein kleines „d“.

Schnurrig

Ein Schnipsel ist das Stückchen nur,
wenn abgeschnitten von der Schnur.
Zwar halten Fasern noch zusammen,
weil sie dem gleichen Dreh entstammen.
Doch ist das Schnipsel ohne Frage
zum Schnüren nicht mehr in der Lage:
Verbindliches kann nicht gelingen.
Zu kurz ist es vor allen Dingen.
Damit das Schnipsel nicht zum toten
Abfall wird, muß man es knoten.
Dann kehrt das Bruchstück einer Schnur
schnurstracks zurück zu der Natur.
So wird statt Trennung Sinn durch Bindung
mit Hilfe langer Fasern Windung.

Pause

Am Horizont wird's gleißend hell:
Die Welt macht Pause!
Nichts andres ist mehr aktuell
als Weltmacht Pause.
Die Waffen, zuständig für Kummer,
für Tod, Entsetzen, halten Schlummer.
Geschäfte, Handel, Wirtschaft ruh'n
und seine Pflicht muß niemand tun.
Die Wunden heilen und die Schwielen
und keiner hetzt nach irren Zielen.
Der Sinn kommt wieder in den Sinn.
Ich frage mich, wozu ich bin.
Als gäb es keine Menschen mehr,
kommt nun die Zeit woanders her.
Kein Lärm, kein Toben, kein Gebrause.
Nur Stille. Und das Leben hofft.
Die Welt macht Pause.

Autod

Zu einer Autokonferenz,
gesponsert von Perpedes Renz,
versammelten sich alle Frauen mit Gatten,
die einschlägig damit zu tun hatten.
Aus aller Welt kam man in Scharen,
ich denke, daß es Milliarden waren.
Autoritäten und Autotypien,
Autodidakten und Autopsien,
Autisten und auch Automaten,
Autografen mitsamt Autokraten.
Am zahlreichsten aber die autonomen
Autofanatiker und Auto-Gnomen.
Für alle bestand das größte Problem
in der Krise des Selbst. (Sehr unangenehm.)
Wie sollte man noch als Selbst erscheinen
in dieser Masse des Allgemeinen?
Als einzige Lösung erkannte man
die schnelle mobile Vereinzelung an.
So galt letztendlich – wie sollt' es auch sein –
das Gespräch dem Kfz allein.
Es kamen alle möglichen Fragen
der aktuellen Technik zum Tragen:
Vom Vierradantrieb über fünften Gang,
ABS bis hin zum Weltunter-Gang
verursacht durch das CO_2.
Kaum jemand fand etwas Böses dabei.
Denn lieber wollte man gleich erblassen,
als vom unentbehrlichen Auto zu lassen.
Schnell war es klar: Mobilität

schlägt um in die Debilität.
Und wieder ist es das alte Lied:
MO und DE macht den Unterschied.
Cosi fan tutte – auch ich bin dabei
und tanze um den heißen Brei!
Das Selbst erleidet den k.o.
Es beginnt mit Au und endet mit O!

Bionik 12111098

Schlägt nachts vom Turm die Glocke *zwölfen*,
beginnt im Wald der Tanz der *Elfen*.
Sie hüpfen zart auf ihren *Zeh'n*
im Mondenlichte silbrig schön.
Sie grüßen diesen Tag, den *neu'n*,
und schwingen hoch das Elfenbein.
Ihr Elefanten gebet *acht*,
was man mit Elfenbeinen macht.
Unnötig bliebe wohl fortan
die Sorge um das Porzellan.

Schicksal

Als Bäcker aus 'ner Kleistermasse
macht Kuchen er der Meisterklasse.
Trank dann zuviel vom Badenwein
und stieß sich an sein Wadenbein.
Nun liegt er mit 'ner Kreidehaut
besinnungslos im Heidekraut.

Leisten

Schuster, bleib' bei deinen Leisten,
sonst geht es dir wie den meisten,
die sich's zwar nicht leisten konnten,
doch am falschen Platz sich sonnten.
Aus der Frechheit wurde Fluch:
Sie erlitten Leistenbruch.
(Diese Warnung dient als Muster
keinesfalls nur für die Schuster,
die auf eigenen Wegen tappen
ohnehin auf Schusters Rappen.)

Der Mensch

„Der Mensch“ besteht aus Mann und Frau,
er hat vier Arme und vier Beine.
Sein Alter kennt man nicht genau.
Staatszugehörigkeit: im Grunde keine.

Doch finden kann man ihn de facto,
weil er gebraucht wird und gedacht,
als eine Größe in abstracto,
mit der man Denksysteme macht

bei mancher grauen Eminenz,
bei Anthropo- und Ontologen,
bei Weisen aller Provenienz,
die aus dem Dasein Schlüsse zogen.

Für diese Leute ist es klar
– man gibt sich damit keine Blöße –
der Mensch ist voll berechenbar
und somit eine feste Größe.

Doch gibt es halbe Menschen auch
wie du und ich und die und der,
dünn oder dick, sogar mit Bauch,
schwarz oder weiß und erdenschwer.

Die woll'n nicht in sich selber ruh'n,
dabei kommt für sie nichts heraus.
Wenn Halbe sich zusammentun,
dann erst wird wirklich Ganzes draus.

Tunnelgespräche

Ich gehe mal davon aus,
sagt der Herr Bundeskanzler.
Ich gehe davon aus,
sagt der Innenminister.
Ich gehe davon aus,
sagt der Außenminister.
Ich gehe davon aus,
sagt der Finanzminister.
Ich gehe davon aus,
sagt der Verteidigungsminister.
Ich gehe davon aus,
sagt der Bildungsminister.
Ich gehe davon aus,
sagt der Verkehrsminister.
Ich gehe davon aus,
sagt die Umweltministerin.
Ich gehe davon aus,
sagt der Gesundheitsminister.
Ich gehe davon aus,
sagt die Familienministerin.
Ich gehe davon aus,
sagt der Justizminister.
Ich gehe davon aus,
sagt die Bundestagspräsidentin.
Ich gehe davon ein,
sagt der Bundesbürger.

Significans

Fort
ist das Wort
aus meinem Sinn
wo ging es hin
der Sachverhalt
für den es galt
der Tatbestand
für den es stand
als Zeichen
ist namenlos
liegt kalt und bloß
nun auf der Hand
und will und wird
nicht weichen.

UN-Rat

Der Sicherheitsratlos
verkündete drahtlos,
mit Sicherheit sei
man von Sicherheit frei.

Weil diese Freiheit so vage,
schütze sie niemand vor Plage.
Der Ratlos versicherte weiter,
ganz sicher wär' es gescheiter,
Versicherungsfirmen zu fragen,
Securitas etwa, in Hagen.

Es ist nun zu hoffen,
daß wer immer betroffen
den Ratlos beachtet,
zu entsorgen sich trachtet.

The medium is the message

Egassem ethsi muidemeth.
Them edi umis them
Essa gethe mediumis
Themessa gethe med.

I um isthemes sageth em
E dium is themess.
Agethe med iumisthemes
Saget hem edium.

Isthem essageth emedi
Um ist hemessage.
Themed iumis themessage
The medium is the mess.

Cogito, ergo sum?

Wenn ich nicht denke, bin ich nicht.
Bringt dies wohl meinem Wesen Licht?
Ist denn der Hirnstrom meine Seele?
Die Zahl nur Zahl, wenn ich sie zähle?
Was ist das Herz, was ist der Wille,
wenn ich sie nicht mit Wesen fülle?
Das Ich-Bewußtsein als Instanz
versagt als Selbstbewußtsein ganz.
Identität sich immer lohnt
solange, bis man sie geklont.
Und auch als Individuum
teilt jeden das Kontinuum
von Zeit und Raum und von Geschichte
und macht Authentisches zunichte.
Und spiel ich irgendeine Rolle –
was fehlt, ist jeweils die Kontrolle,
ob hetero-, ob autonom
im großen Möglichkeitenstrom.
Das Image (vom Kostümverleih)
macht's Ego von sich selber frei.
Doch Masken nehmen uns den Blick.
Was also bleibt von mir zurück?
Es bleibt von mir nur dessen Ruf,
der alles, auch uns Menschen schuf.
Gott selber gab mir meinen Namen.
In seinem Namen bin ich. Amen.

TEIL 2

Spiekerooger Muscheleien

Wo ist es fein?

Hörst Du, was die Muscheln tuscheln,
die sich in die Dünen kuscheln?
Hörst Du, was die Quallen lallen,
wenn sie durch die Wellen wallen?
Und auch was die Pappeln babbeln,
die im Winde leise zappeln?
Oder, was die Eulen heulen,
wenn sie durch die Nächte eilen?
Hört Ihr, was die Spatzen schwatzen,
wenn sie gierig Körnchen kratzen?
Wißt Ihr, was die Schnecken hecken,
die im Sande sich verstecken?
Hörst Du die Langusten prusten,
so, als ob sie husten mußten?
Sieh', wie sich die Flundern wundern,
denn es klingt aus allen Mundern:
(und wir stimmen kräftig ein)
„In Spiekeroog, da ist es fein!"

Sommer 1992

Nur wenn's genügend Wasser hat,
kann man nach Spiekeroog durch's Watt.
In einem Boot mit andern Blassen
kann man sich übersetzen lassen.
Durch manche günst'ge Brandungslücke
erreicht man bald die Landungsbrücke.
Betrittst Du dann das Inselland,
erscheint Dir manches interessant:
Fern auf dem Sandstrand in der Wüste
geht pflichtbewußt ein Poliziste,
und sucht man nach den Badegästen,
entdeckt man sie erst weit im Westen.
Nichts geht in Spiekeroog nach Uhr.
Wann was geschieht, bestimmt Natur.
(Natürlich auch das Amt für Kur!)
Von Autos gibt es keine Spur.
Ein Dieselzug im Bahnhof steht.
Er steht, weil's anders nicht mehr geht.
Das Einz'ge, was er tut: Uns lehrt er,
mit dem Verkehr wird's stets verkehrter.
Und aus Verkehr wird schnell Verzehr:
Der Alte Bahnhof macht was her
als Restaurant und als Lokal,
als Nachtbar gar – phänomenal!

Als Zeitung gibt's den „Inselboten"
(bemerkenswert: die Fehlerquoten!).

Schöner Trost

Der Spiekerooger „Inselbote“
verhindert Blutgerinnseltote,
dieweil sein Inneres ist gemacht,
daß man sich *drob* zu Tode lacht.

Ferien vom Ich

Mancher kommt in dieses Land,
findet, was auch fraucher fand:
Sieht man Schwalben oder Enten,
sind's die echten Kontrahenten.
Häschen, Bullen, Kühe, Stiere:
Statt zwei Beinen zählt man viere.
Theaterdonner, Seifenblasen,
Schreckgespinste, Werbephrasen,
Drohgebärden, Litaneien –
nichts davon, nur Möwenschreien.
Keine Autos, keine Mücken,
keine Staus und andere Tücken,
kein Gewinsel, kein Gebrüll:
auf der Insel ist es still.
Keiner dir den Blick verstellt,
mit Lug und Trug den Tag vergällt.
Wer sich hier am Strand ergötzt
hat wahrlich nichts auf Sand gesetzt.
Muschel, Schnecken, Möwen, Quallen –
alle finden Wohlgefallen,
und gar mancher Wüterich
genießt Ferien vom Ich.
Mancher fand sein Vaterland
erst hier an der Waterkant.

Das Sommerloch

Das Meer ist tief,
der Himmel hoch.
Doch eines ist
viel größer noch:
Das Sommerloch.
Drin haben wir tief unten
Ruhe gefunden.

Das Meeresleuchten

Bevor der Mensch sich Urlaub gönnt,
ums täglich Brot er kämpft und rennt.
Ob im OP, ob im Büro,
in der Fabrik und anderswo:
mit schlauem Kopf und starker Hand
leistet er täglich allerhand.

Im Urlaub schaltet er auf „faul".
Statt Pferdestärken – müder Gaul.
Nicht mehr die Pflicht, der Strandkorb ruft,
und alle Energie verpufft.
Mit Recht legst Du die Stirn in Falten:
„Bleibt Energie nicht stets erhalten?"

Komm abends mit mir an das Meer!
Siehst Du das Leuchten ringsumher?
Das ist die ungenutzte Kraft
der Spiekerooger Gästeschaft.
Wenn Tausende sich hier befeuchten,
entsteht alsbald das Meeresleuchten.

Gift

Giftbuden gab es einst am Strande.
Jetzt findet man das Gift im Sande.
Mit Gift zu leben – welche Qual!
Mitgift zu haben – ideal!

Der Ruhestand

Erträglich wird der Ruhestand
verbringt man ihn am Meeresstrand.
Der Blick ins Weite voll sich lohnt:
unendlich grüßt der Horizont.
Was er die Vertikalen lehrt,
ist sicher der Beachtung wert.
Man kann es so in Worte fassen:
Einfach mal alles liegen lassen!

Am Meer

Auch wenn dir der Gedanke nicht gefällt:
Du siehst doch jeweils nur das Ende deiner Welt.
Erfahrung aber macht dich auch gescheiter.
Die Welt geht jenseits deiner Grenzen weiter.
Die Logik geht auf geradem Weg zwar weit,
doch rund umschließt uns die Geborgenheit.

Der Horizont

Der Horizont schlug einst ein Rad
und drehte sich um neunzig Grad.
Die Schwerkraft machte dabei schlapp,
das Meer floß ab.

Der Horizont, erschrocken drob,
sich wieder in die Gerade hob;
befand sich bald am alten Ort.
Das Meer – war fort.

Der Horizont schaut in das Loch.
„O, heilger Martin, siehe doch,
wie ohne Meer das Nichts ich teile,
zu Hilfe eile!"

Martin, im halben Mantel, hört
mit ganzem Ohr, was ihn empört.
„Komm wieder, Meer," ruft er in Wut,
„mit nächster Flut!"

Und es geschah zu aller Glück,
das Meer kam reuevoll zurück.
Der Horizont war nun zufrieden,
die Welt geschieden.

Halt dein Herz fest, Goldfasan!

„Faß an, faß an“, ruft der Fasan,
„wir wollen nur noch Marzipan,
nur noch Bonbons und Schokolade,
denn alles andere schmeckt zu fade!

Die Badegäste konstatieren
wie schön wir sind. Fotografieren,
wollen ein Interview wohl gar.
Verweigert jeden Kommentar!

Wir sind schließlich nicht irgendwer,
kommen auch nicht von irgendher
wie diese vielen Zugereisten,
die sich den Aufenthalt hier leisten.

Die Insel ist unser Revier,
und in den Dünen herrschen wir.
Wer sich am Strand bei uns will aalen,
muß angemessen Wegzoll zahlen!

Vor Zeiten ließen wir uns locken
mit jeder Art von Futterbrocken
als vollgültigem Honorar.
Da waren Gäste auch noch rar.

Die Zeiten haben sich gewandelt.
Es wird gefeilscht, es wird gehandelt.
Es ist ein Kommen und ein Gehen.
Wo man da bleibt, das muß man sehen.

Haltet Euch ran, s'ist Marzipan,
faß an, faß an." ruft der Fasan.
„Doch Vorsicht, werdet nicht zu dick,
das gilt schon lang nicht mehr als schick!"

Moral:
Der Goldfasan, er kann gut lachen,
was aber sollen wir da machen?
Wer soviel Gold sein eigen nennt,
des kleinen Mannes Not nicht kennt.

Qualis – talis

Eine Qualle, wabbelig und weich,
rief kürzlich: „Ich tu es den Möwen gleich!
Anstatt hier träge am Strande zu liegen,
will ich ab jetzt durch die Lüfte fliegen!"

Mit einer genetischen Mutation
sprach sie flugs allen Gesetzen Hohn.
Tatsächlich: Als erster ihrer Art,
gelang ihr ein entschlossener Start.

Wie ein Diskus oder Bumerang
flog sie vergnügt am Strand entlang.
Da wurden die andern Quallen wach.
„Kommt rauf," tönt's von oben, „macht's mir nach!"

„Was sollen wir auch lange fackeln!"
Die Quallen fingen an zu wackeln,
sie stiegen auf in Formation
und flogen einfach so davon.

Die Leute am Strand, sie konnten's nicht fassen.
Sie hielten's für fliegende Untertassen.
Ja, wie es im Leben der Quallen auch geht,
dies war eine ganz neue Quallität.

Das schwarze Schaf

Ich bin, mämä, das schwarze Schaf.
Weil ich's bin, sind die andern brav.
Ich steh' am Deich von Spiekeroog
und schau' in meinen Wassertrog.

Schwarz ist dort auch mein Spiegelbild.
Es scheint so, daß es wirklich gilt:
Ich bin das schwarze Schaf,
das dieses Schicksal traf.

Und wenn ich meinen Schatten seh',
dann tut's mir in der Seele weh.
Auch er ist schwarz! Das ist mein Los.
Die andern, die sind makellos.

Das Einzige, was für mich spricht:
Wenn ich's bin, sind's die andern nicht.
Die können ja gut lachen.
Doch was soll ich nur machen?

Wenn ich doch nur dort oben wär',
ich hätt' es sicher nicht so schwer.
Bei weißen Wolkenschafen
da könnt' ich ruhig schlafen.

Der Schrei

Aus einer Möwe kam einmal
ein Schnabelschrei, laut und brutal.
Doch schnell ward er vom Wind zerfetzt.
Die Möwe konstatiert's entsetzt.
Und noch ein Schrei zum Himmel stieg,
der Wind schlug zu – die Möwe schwieg.

Emma

Die Möwe Emma
und das Dilemma
mit den drei Kindern,
die sie dran hindern,
sich selbst zu suchen.
Pustekuchen.
Laß andre sich berauschen,
die Emma will nicht tauschen.

Watt denn?

Ein Kilo Watt in einer Tüte –
viel ist es nicht, du meine Güte.
Doch glaube mir, ein Kilo Watt
macht Hunderte von Tieren satt.
Die Würmer, Krebse, Muscheln, Schnecken,
die alle in dem Wattsand stecken,
sie halten dort in feuchtem Grund
die Nordsee sauber und gesund.
Was, glaubst du, wieviel Kilo Watt
das ganze Wattenmeer wohl hat?
Da tut man sich beim Raten schwer:
Milllionenmegawattenmeer.

Das Dezibel

Ein Dezibel von irgendher
verirrte sich einst über's Meer
und landete erschöpft am Strand
in abertausend Körnern Sand.

Die Unzahl materieller Teilchen
ängstigte Dezibel ein Weilchen.
Man hatte ja nicht viel gemeinsam
und als Geräusch war es schlicht einsam.

Die Atmosphäre war sehr kühl,
verweigert wurde ihm Asyl.
So blieb nur, angesichts des Bösen,
sich in der Stille aufzulösen.

Voll Wehmut dachte es dabei
an seines Volkes Lärm, Geschrei,
Millionen seiner Brüder Röhren.
Der Sand konnt's leider eh nicht hören.

Der Traum

Nahe an des Meeres Saum
hatte jüngst ich einen Traum.
Jählings schrillt das Telefon:
„Achtung, Achtung, Invasion.
Insel Spiekeroog wird jetzt
rigoros von uns besetzt.
Jeder Schritt wird überwacht,
es herrscht die Besatzungsmacht!“
Alsbald kommen übers Meer
tausende von Mäusen her.
Schwarze Ohren, runder Kopf,
auf der Nase thront ein Pfropf.
Zudem tragen die Exoten
weiße Handschuh' an den Pfoten.
Riesengroße Augenlinsen
starren fürchterlich und grinsen.
Aus den Mäulern steigen Blasen
voll mit Sprüchen und mit Phrasen.
So, als wären sie Gespenster,
dringen sie durch Tür und Fenster,
werden niemals wieder weichen,
denn sie sind sich selber Zeichen. –
Schon macht neue Schreckenskunde
auf der Insel ihre Runde.
Aus unzähl'gen Kunststofftüten
krauchen mit Matrosenhüten
Wackelenten, Spaßgeflügel
und besetzen Tal und Hügel.
Augen wie gekochte Eier,

Schnäbel, breit wie Wasserspeier,
treiben sie mit Donalds Wucht
die Fasanen in die Flucht.
Wer im Dorf das Unheil sichtet,
schleunigst in die Kirche flüchtet.
Auf der Kanzel steht – o Graus –
eine dicke Mickey-Mouse.
Immer wieder ruft sie bleich:
„Den Übermenschen lehr' ich Euch.
Die Macht des Starken nur mehr gilt,
ab jetzt regiert das Gegenbild.
Das Gegenbild – die Künstlichkeit,
sie ist das Instrument der Zeit.
Die Schöpfung wird total negiert,
der Schöpfer einfach ausradiert.
Viel besser ist Innovation,
denn alles andre sah man schon.
Es gibt nichts Falsches und nicht Wahres
und letzten Endes zählt nur Bares.
Erweist drum Eure Reverenz
voll Ehrfurcht der Ambivalenz.
Es sei Euch Richtungslosen teuer:
Das drob frohlockende Ungeheuer!"
So kreischt die Maus, voll Hohn sie lacht.
Da bin ich zitternd aufgewacht.

Doch nichts als Stille um mich her,
der Strand, der Himmel und das Meer.
Im Sonnenlicht zwei Möwen gleiten
geruhsam durch der Landschaft Weiten.

Geo-Theo-Logisches

Im Morgenglanze hell erstrahlen
der Alpenberge Vertikalen.
Steil und dramatisch klingt ihr Chor,
denn alles, alles will empor.
Mann und Frau, Kinder, Basen, Vettern
begierig in die Höhe klettern.
Um vertikal emporzukommen,
wird Fels auf Fels mit Schweiß erklommen.
Wer etwas für die Kasse stiftet,
wird auch im Sessel hochgeliftet.
Die Hierarchie der Gipfel dann
erinnert an den Vatikan.
Für päpstliche Autorität
der allerhöchste Gipfel steht.
Nach rechts und links und in die Welt
ist leider uns der Blick verstellt,
solange wir hier unten lauern
und vor der Macht und Pracht erschauern.
Wer so empfindet, denkt symbolisch:
Die Welt der Berge ist – katholisch.

Wer an des Meeres Küste wohnt,
der sieht bis hin zum Horizont.
Ein großer Kreis umgibt ihn weit –
ein Sinnbild für Unendlichkeit.
Der Mensch erscheint in diesem Rund
als mit dem Radius im Bund:
Im großen Ring als eine Speiche,
bestimmt er, wie weit dieser reiche,

wie weit denn auch sein Denken geht,
kurz oder lang, früh oder spät.
Der Mensch, er steht. Es liegt das Meer.
Man sieht ein Kreuz von ungefähr.
Was gibt dem Menschen wohl die Kraft,
mit der er Perspektiven schafft?
Der Mensch vergeht, doch die Gezeiten
künden von Gott in Ewigkeiten.
Sind wir vor ihm auch klein und sündig,
durch's Kreuz macht er uns frei und mündig.
Am Meer erkennt man also seelisch:
Die Waterkant ist evangelisch!

Angesichts des Ganges

Dem Menschen als Spezialität gelang
zur Fortbewegung der aufrechte Gang.
Entgegen aller bisherigen Sitte
zielt er als einz'ges Geschöpf auf die Mitte
der Erdenkugel, deren Rund
gibt allen andern die Richtung kund.
Als Einziger aufrecht, ohne Knick,
versucht voller Stolz er so sein Glück.
Aufrichtig sind aber die zu verachten,
die mit krummem Rücken zur Ware sich machten.

Der aufrechte Gang, ein großes Geschenk –
wo wird man seiner eingedenk?
Nicht im Walde, unter ragenden Bäumen
kann von Einmaligkeit man träumen.
Auch nicht im Gebirge, wo nur Höhen man mißt
und schnell den eigenen Maßstab vergißt.
Und so ist's in den Städten: Die Häuser und Masten,
die Türme und Pfeiler, sich stapelnde Lasten,
senkrecht nach oben in steter Balance.
Wer da nicht mitkommt, hat keine Chance
sich zu behaupten, denn wo alles steht,
ist das Aufrechte schlechthin Banalität.

Ganz anders dagegen ist es am Meer:
Die Landschaft legt sich einfach quer.
Von links nach rechts ist weit gespannt
der Linien Fluß: Himmel, Meer und Strand.
Ebbe und Flut, sie locken und grüßen.

Der Mensch steht aufrecht, die Natur ihm zu Füßen.
Hier fühlt er sich wichtig, doch auch als Wicht,
denn nichts wär' hier anders, gäb' es ihn nicht.
Hier erfährt er seine Lage als Geschöpf in der Welt,
bestätigt und zugleich in Frage gestellt.
In dieser Spannung vernimmt er den Ruf
des Creators, der ihn und all dieses schuf.

1985

Ein gut geschwungenes Fragezeichen
mußt' jüngst dem Ernst der Lage weichen,
denn außer Frage blieb des Satzes Sinn,
zum Ausrufzeichen streckte es sich hin.

Auf der Wattwanderung zur Wetterwarte
trug Watteau wattierte Wadenwickel
wegen wild wehenden Windes.

Die badende patente Patentante
bannte den badenden potenten Potentaten.

Frau Uela spielte,
in einen weiten Frautel gehüllt,
auf der Fraudoline,
daß die goldenen Frauschettenknöpfe
frauchmal in der Sonne blitzten.
Das einzige Frauko war,
daß es in der Gegend an Fraugold fraugelte.
Auch Fraudarinen und Fraudeln
vermißte Frau sehr.

Wenn man ist,
was man ißt,
dann ist das,
was man ißt
nicht mehr das,
was es ist.

Was manche vor Gerichten schlichten,
kann man auch mit Gedichten richten.

Spiekeroog-Limericks

Auf die sandigen Dünen von Spiekeroog
ich erwartungsvoll meine Zicke zog.
Was sie dort fand zum Fressen,
kann getrost man vergessen,
und was sonst des Kuramtes Clique log.

In unserm Strandkorb auf Spiekeroog
der Wind schrecklich durch eine Lücke zog.
In mein rechtes Bein
fuhr ein Zipperlein
fortan geh' ich nur noch am Krückestock.

Auf Spiekeroog gibt es 'nen Sandstrand.
Dort üben sich viele im Handstand.
Die Brauns aus Berlin
der Norm zu entflieh'n
versuchten dasselbe mit Anstand.

Bei unserer Ankunft auf Spiekeroog
kaum einer mehr als 'ne Mücke wog.
Doch wir ruhten und lasen,
wir schwammen und aßen,
daß sich unter uns heimwärts die Brücke bog.

Auf Spiekeroog gibt es ein Wattenmeer.
Dem fehlt es bei Sonne an Schatten sehr.
Man kann waten im Sumpf
ohne Schuh, ohne Strumpf,
und alle, die's taten, die hatten's schwer.

Familie Braun aus Berlin
wollt' den Zwängen der Großstadt entflieh'n,
nach Hawaii oder Havanna.
Der Trip – so kühn auch beganna,
versandet in Spiekeroogs Dün'n.

Spiekeroog 1998

Global sind überall Tendenzen.
Auf einer Insel gibt es Grenzen.
Man muß nicht nach der Weite suchen
und möglichst ferne Reisen buchen:
Unendlich ist sie hier und stets zugegen
und schafft die Nähe so auf kurzen Wegen.
Wer auf der Insel weilt, erlebt nach innen.
So kann man dabei grenzenlos gewinnen.

Der Wahlkampf tobt auf dieser Insel.
Man lockt die einfältigsten Pinsel
auch hier mit rotgefärbten Socken,
um Stimmanteile aufzustocken.
Doch wie so viel in diesem Lande
verliert auch solches sich im Sande.
Es wechseln ewig die Gezeiten
und Hoffnung bergen Meeresweiten.

Postkartengrüße aus Spiekeroog

Bevor wir unsere Karten starten,
muß ich auf meine Muse warten.
Sie pflückt für Euch in unserm Garten
die wunderschönen und aparten
Vergißmeinnicht und auch die zarten
Stiefmütterchen und andere Arten.
Doch leider bleibt es bei dem Pflücken,
denn Blumen kann man schlecht verschicken.
Wir wollen es dabei bewenden
lassen, daß wir Grüße senden.

Wer jetzt nicht an der Nordsee weilt,
den hat ein schweres Los ereilt.
Daheim spürt er des Alltags Qualen,
dieweil wir in der Sonne aalen.
Drum wollen seiner wir gedenken
und unser Mitgefühl ihm schenken.
Das gilt auch Euch Zuhaus' Gebliebenen!
Macht's gut!
Die an den Strand Getriebenen.

Auf diesem schnöden Stück Karton,
das langen Texten Raum versagt,
vermelden wir recht knapp – pardon,
wie uns der Urlaub hier behagt.
Was Lärm ist, haben wir vergessen.
Die Stille ist ein neues Sein.
Der Sonne Donnern geht indessen
voll Freude uns in Haut und Bein.
Die Wege ohne Mittelstreifen
eröffnen Land und Meer zu Fuß
und lassen bessere Welten reifen.
Von daher unser Herzensgruß.

Und wieder ist es uns beschieden,
man glaubt es kaum in dieser Welt:
Die blaue Ruhe, grüner Frieden,
silbern das Funkeln im Sternenzelt.
Der Menschen Lärm und Streit verstummen.
Wind, Sand und Wellen singen still
ein Lied im Mittagsglanz, ein Summen
und Raunen, das nicht enden will.

Hier ist es still. So still, daß man
auch endlich mal was hören kann.
Zum Beispiel, was im Sand die Muscheln
über die Gäste vom Festland tuscheln.
Oder wie längs am Strand die Quallen
Platt-Etüden lassen erschallen,
während der Wind ein Lied erzählt,
wie er sich rauh durch die Lüfte quält.
Wenn es dunkel wird, lauscht man den Eulen,
die ihre Huhus in den Himmel heulen.
Uns selbst hört man in den Dünen singen,
daß sogar die Fasanen die Flügel schwingen.
Laßt Euch denn allesamt herzlich grüßen
von Leuten, die Spiekeroogs Ruhe genießen.

„Der Himmel hält das Wasser nicht!",
beschwert sich manch ein nasser Wicht.
So er genügend Grütze hat,
reicht ihm auch wenig Hitzegrad.
Den vielen Müden reinen Segen
bringt Sommer uns mit seinem Regen.
Doch bleibt als schönste Sommerfrucht
die Sonne, die ein Frommer sucht.

Die Ansichtskarte

Nicht weit ist es zum Kartenrand,
ein wenig weiter bis zum Strand.
Doch dann erstreckt sich ringsumher
das blaue Meer.
Unendlich reicht es in den Raum
und öffnet sich für Sinn und Traum.
Kehr'n wir zum Ausgangspunkt zurück,
wie anders scheint er unserm Blick!

Kartentext

Kartentext – kurz und gerafft:
Diese Insel: meerchenhaft!
Sonne, Wasser, Salz und Strand,
Wunderwolken, weißer Sand,
Wind und Licht und Horizont,
Sternenhimmel, weicher Mond,
Fische, Vogelflug und Flut,
Würmer, Schnecken, Strandesgut,
Weide, Wiese, Watt und Pferde,
blauer Himmel, grüne Erde,
Schafe, Hasen und Fasanen
lassen andere Welten ahnen.
Dröhnend kündet uns die Stille:
Gute Schöpfung. Gottes Wille.

Sommer 2001

Sturm und Regen, Donner, Blitze,
weiße Wolken, Sommerhitze.
Fern, so fern die Menschenwelt,
und der Blick geht unverstellt
in die Stille, wie das Licht,
das die Finsternis durchbricht.
Was ist wirklich, was ist Traum,
fragt der endlos weite Raum.
Sieh' am Himmel nachts die Sterne:
Was die Nähe ist, lehrt Ferne.
Mancher wird insofern froh.
Wir – s'liegt nahe – sowieso!